NATIONAL
GEOGRAPHIC
School Publishing

Lugares de mi comunidad

Zeina Mahran

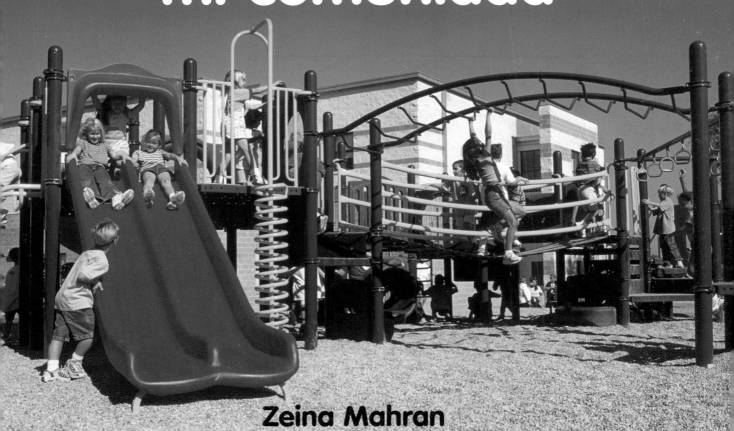

PICTURE CREDITS

Illustration by Roberto Fino (4–5).
Cover, 9 (above), 12, 16 (center left), Bill Aron/PhotoEdit, Inc.; 1, 4 (all), 5 (left), 7 (all), 8 (all), 11 (left), 14 (below left & above left), 16 (above right, center right, below left & below right), Photolibrary.com; 2, 6, 11 (above), 16 (above left), APL/Corbis; 5 (right), 11 (below right), Michael Newman/PhotoEdit, Inc.; 9 (below), 10, 13 (below left), 14 (right), Getty Images; 13 (above right), Mary Kate Denny/PhotoEdit, Inc.; 15 (above), Steve Skjold/PhotoEdit, Inc.; 15 (below) Jeff Greenburg/PhotoEdit, Inc.

Produced through the worldwide resources of the National Geographic Society, John M. Fahey, Jr., President and Chief Executive Officer; Gilbert M. Grosvenor, Chairman of the Board.

PREPARED BY NATIONAL GEOGRAPHIC SCHOOL PUBLISHING

Ericka Markman, Senior Vice President and President Children's Books and Education Publishing Group; Steve Mico, Senior Vice President and Publisher; Marianne Hiland, Editorial Director; Lynnette Brent, Executive Editor; Michael Murphy and Barbara Wood, Senior Editors; Bea Jackson, Design Director; David Dumo, Art Director; Margaret Sidlowsky, Illustrations Director; Matt Wascavage, Manager of Publishing Services; Sean Philpotts, Production Manager.

SPANISH LANGUAGE VERSION PREPARED BY
NATIONAL GEOGRAPHIC SCHOOL PUBLISHING GROUP

Sheron Long, CEO; Sam Gesumaria, President; Fran Downey, Vice President and Publisher; Margaret Sidlosky, Director of Design and Illustrations; Paul Osborn, Senior Editor; Sean Philpotts, Project Manager; Lisa Pergolizzi, Production Manager.

MANUFACTURING AND QUALITY MANAGEMENT

Christopher A. Liedel, Chief Financial Officer; George Bounelis, Vice President; Clifton M. Brown III, Director.

BOOK DEVELOPMENT

Ibis for Kids Australia Pty Limited.

SPANISH LANGUAGE TRANSLATION

Tatiana Acosta/Guillermo Gutiérrez

SPANISH LANGUAGE BOOK DEVELOPMENT

Navta Associates, Inc.

Published by the National Geographic Society
Washington, D.C. 20036-4688

ISBN: 978-0-7362-3833-5

Printed in Canada

12 11 10 09 08

10 9 8 7 6 5 4 3 2

Contenido

Miren los lugares de esta comunidad.
¿Dónde trabaja, compra, aprende y juega la gente?

edificio de apartamentos

Escuela

Correos

ZAPATERÍA

Consultorio médico

parque

5

Lugares donde vivir

En una comunidad hay lugares donde la gente vive.

apartamentos

casas adosadas

barrio

6

casas

casas prefabricadas

Lugares donde trabajar

En una comunidad hay lugares donde la gente trabaja.

estación de bomberos

restaurante

Lugares donde comprar

En una comunidad hay lugares donde la gente compra.

tienda de alimentación

zapatería

Lugares donde aprender

En una comunidad hay lugares donde la gente aprende.

museo

escuela

Lugares donde jugar

En una comunidad hay lugares donde la gente juega.

cancha de baloncesto

parque infantil

Lugares donde hacer cosas con otros

¡En una comunidad hay lugares donde la gente hace cosas con otros!

huerto comunitario

proyecto de arte del barrio

piscina

festival de la comunidad

13

En una comunidad hay muchos tipos de lugares. ¿Qué lugares hay en su comunidad?

casa

comprar

comunidad

escuela

jugar

parque

tienda

vivir

15

Glosario ilustrado

biblioteca

casa

escuela

parque infantil

tienda